Über den Autor

Marc Pelzer, geboren 1987, hat in Köln Radio- und TV-Journalismus studiert und viele Jahre in dem Bereich gearbeitet. Er war einer der Ersten, die die schrittweise Verschmelzung von Journalismus und Content Marketing miterlebten, was ihm persönlich den Weg in die Werbebranche ebnete. Marc ist bis heute im Marketing tätig. Was ihm dabei besonders gut gefällt? Die Vielfalt der Möglichkeiten und die Abwechslung im Alltag. Denn nachdem er sich viele Jahre intensiv mit dem Thema Langeweile beschäftigt hat, weiß er, wie wichtig Abwechslung für ein glückliches und erfülltes Leben ist. Dabei ahnte er jedoch noch nicht, dass er mal zum Botschafter für Zeit werden würde …

Marc Pelzer

Nie wieder Langeweile

Eine Anleitung für mehr Lebensqualität

www.tredition.de

© 2021 Marc Pelzer

Verlag und Druck:
tredition GmbH, Halenreie 40-44, 22359 Hamburg

Umschlaggestaltung und Illustration: Sina Gajewski

Lektorat: Kia Kahawa

Korrektorat: My. im Auftrag von Kia Kahawa

ISBN
Paperback: 978-3-347-27362-7
Hardcover: 978-3-347-27363-4
e-Book: 978-3-347-27364-1

Das Werk, einschließlich seiner Teile, ist urheberrechtlich geschützt. Jede Verwertung ist ohne Zustimmung des Verlages und des Autors unzulässig. Dies gilt insbesondere für die elektronische oder sonstige Vervielfältigung, Übersetzung, Verbreitung und öffentliche Zugänglichmachung.

„Wir haben zwei Leben. Das zweite beginnt, wenn wir erkennen, dass wir nur eines haben."

– Konfuzius

INHALT

1. Vorwort 9
2. Balance 13
3. Status quo 25
4. Alltag 33
5. Inspiration 39
6. Echte Freude 59
7. Nutze deine Zeit 67
8. Dein besseres Ich 83
9. Schlusswort 87

VORWORT

Es gibt Menschen, die nichts mit ihrer Zeit anzufangen wissen. Solche, denen schnell langweilig wird, die vieles ermüdend finden und denen oft nichts einfällt, um ihre freie Zeit zu gestalten. Es gibt aber auch Menschen, die über wenig Zeit verfügen, genügend Hobbys haben und ihr Leben dennoch als langweilig beschreiben würden. In dem sie einer langweiligen Tätigkeit nachgehen, langweilige Gespräche führen und sich selbst vielleicht auch ein bisschen langweilig finden. Denn auch dann ist das Leben langweilig, wenn die einzigen Unterhaltungen darin bestehen, welcher Nachbar welches Haus gekauft hat oder wer sich demnächst scheiden lässt.

Letztendlich spielt es keine Rolle, wie du Langeweile definierst, denn wir werden das Thema in diesem Buch ganzheitlich behandeln. Hier geht es nicht um Zeitmanagement, sondern darum, seine Zeit endlich glücklich zu verbringen. Und vielleicht hast du gemerkt, dass stundenlanges Vor-der-Glotze-Hängen dich auf Dauer nicht glücklich macht. Aber warum eigentlich nicht? Natürlich ist es schön, ab und zu mal einen richtig faulen Couch-Tag einzulegen. Einen Filmmarathon zu starten, ganze Staffeln von Serien zu verschlingen, seine Lieblings-Games zu zocken oder einfach nur stundenlang im TV rumzuzappen, während man die Füße hochlegt und gemütlich Chips futtert. Aber wenn man fast seine komplette Freizeit nur noch vor dem Fernseher (oder am Smartphone, Tablet, etc.) verbringt, kann das auf Dauer – trotz der mittlerweile riesigen Auswahl an Inhalten – ganz schön eintönig werden. Und Eintönigkeit macht nicht glücklich. Eintönigkeit ist vor allem eins: langweilig.

Wie streichen wir nun die Langeweile aus unserem Leben? Der erste wichtige Schritt dazu ist die Einsicht, dass es nicht darum geht, Zeit totzuschlagen. „Zeit totschlagen" ist ohnehin eine ganz furchtbare Formulierung. Denn Zeit ist (neben Gesundheit) das wertvollste Gut der Welt – und das dürfen wir nicht totschlagen, sondern sollten wir schätzen und nutzen! Der Millionär und der Tellerwäscher haben beide eines gemeinsam: 24 Stunden pro Tag. Es ist das, was uns alle verbindet. Wir alle unterscheiden uns in vielerlei Hinsicht: Geld, Charakter, Aussehen, Fähigkeiten, Gesundheitszustand, Lebensbedingungen … aber alle Menschen auf der Welt haben die gleiche Zeit zur Verfügung. Und diese Zeit ist endlich. Der Millionär kann sich nicht noch weitere 100 Lebensjahre kaufen – egal, wie viel Geld er anhäuft.

Deshalb ist es wichtig, dass wir die begrenzte Lebenszeit, die wir auf der Erde haben, möglichst gut nutzen.

Ich selbst habe als junger Mensch häufig unter Langeweile gelitten. Das drückte sich in Antriebs- und Perspektivlosigkeit aus, da ich mich nicht aufraffen konnte, etwas zu tun und gleichzeitig das Gefühl hatte, etwas tun zu müssen. Die Langeweile an sich war nicht unbedingt ein negatives Gefühl, aber oft der Katalysator dafür. Diese Situation zog sich bei mir über mehrere Jahre und das Gefühl der Langeweile wurde dabei immer erdrückender. Es hat gedauert, bis ich mir wirklich bewusst darüber war, welche negativen Gefühle und daraus resultierenden Lebensumstände Langeweile auslösen kann und wo die Ursachen dafür liegen. Seitdem beschäftige ich mich intensiv mit dem Thema und habe über die Jahre nicht nur viele wertvolle Erkenntnisse gewonnen, sondern auch konkrete Techniken entwickelt, die ich nun mit dir teilen möchte.

Die entscheidende Frage lautet: Wie schaffst du es, deine Zeit so zu nutzen, dass du dabei glücklich bist? Dass du nicht nur währenddessen, sondern auch im Nachhinein glücklich bist mit der Art und Weise, wie du deine Zeit nutzt? Die Antworten darauf findest du in diesem Buch – versprochen.

BALANCE

Wenn wir sagen, dass uns langweilig ist, sind wir meistens nicht aktiv. Wir möchten uns gerne unterhalten lassen – also passiv beschäftigt werden. Manchmal fallen uns auch zahlreiche Aktivitäten, Beschäftigungen oder Aufgaben ein, die wir tun könnten, doch wir führen sie nicht aus, weil wir dazu aktiv sein müssten. „Keine Lust", „nicht jetzt", „das mache ich lieber morgen", „zu aufwendig" oder „zu anstrengend" sind nur einige der Antworten, die wir uns in einem solchen Moment selber geben. Das ist erstmal vollkommen normal und muss dich nicht beunruhigen.

Zuerst solltest du dir darüber bewusst werden, wie unfassbar wichtig *Balance* ist. Yin und Yang, Tag und Nacht, Körper und Geist. Oder, in unserem Fall, Anspannung und Entspannung. Beides ist gleichermaßen wichtig. Das Gleichgewicht zu finden ist essenziell. Was genau du unter Anspannung und Entspannung zu verstehen hast und wie die Balance zwischen den beiden die Basis für Ausgeglichenheit schafft, schauen wir uns im Detail an.

Anspannung und Entspannung

Den Großteil des Tages vor dem Computer zu sitzen und während des Feierabends auf der Couch rumzuliegen stellt meist keine (physische) Anspannung dar. Wenn du jedoch einer körperlich anstrengenden Arbeit nachgehst, sind regelmäßige Intervalle von Anspannungen über den Tag verteilt in aller Regel gegeben. Umso mehr benötigst du in einem solchen Fall die Entspannung, um wieder ins Gleichgewicht zu kommen. Wichtig ist dabei, dass die Balance auch zwischen Körper und Geist stattfindet. Angenommen, du hast einen körperlich eher entspannten, aber geistig sehr fordernden Beruf. Dann wird dir als Ausgleich körperliche Anspannung sehr gut tun, wenn du dabei mental abschalten kannst. Genauso wirst du merken, dass auf zu viel Anspannung auch wieder Entspannung folgen muss.

Wenn du im Urlaub bist, aber den ganzen Tag lang wanderst, mit dem Rad fährst oder stundenlang eine Sightseeingtour durch eine Stadt machst, bedeutet das Anspannung. Auch Aktivitäten wie Schwimmen oder ein 10-Kilometer-Lauf durch den Wald zählen zu körperlicher Anspannung. In solchen Fällen solltest du deinem Körper als Ausgleich auch wieder Ruhe und Entspannung bieten, um in Balance zu bleiben. Das wird sich extrem gut anfühlen – du wirst sehen.

Oft empfinden wir die Momente als langweilig, in denen wir entspannen – oder uns entspannen wollen. Das ist meist dann der Fall, wenn unser Geist zuvor nicht genug Anspannung erfahren hat. Denn dann ist er *entspannt* – und langweilt sich natürlich, wenn er einem Übermaß an Entspannung ausgesetzt ist. Wichtig ist daher, auch den Geist immer in Balance zu halten. Angenommen, du bist eine Stunde lang ununterbrochen geschwommen und nun körperlich total platt. Dein Geist war aber währenddessen kaum gefordert und konnte somit abschalten. Dann wird es dir auch nicht die gewünschte Entspannung bringen, wenn du dich auf die Liege legst, um Sonne zu tanken und dich auszuruhen – denn der Geist ruhte ja bereits. Besser würde es funktionieren, wenn du dich nun geistig mit etwas beschäftigen würdest: Ein Buch lesen, ein Brettspiel mit jemandem spielen oder sogar deine Steuererklärung machen. All das sind Dinge, die in einem solchen Zustand hervorragend funktionieren, da sie den Geist herausfordern (anspannen), während die Muskeln sich ausruhen (entspannen) können. Der Ausgleich ist nun hergestellt und du kannst Langeweile sowie daraus resultierende negative Gefühle auf ein Minimum reduzieren und meist sogar komplett vermeiden. Denn wie vieles im Leben funktionieren auch dein Körper und dein Geist am besten, wenn alles in einer gewissen Balance ist.

Zum Verinnerlichen:

Finde im Alltag die richtige Balance zwischen Anspannung und Entspannung.

Dafür gibt es den „Umkehrtrick". Mit ihm sollte es dir leicht fallen, immer wieder eine gute Balance zu finden. Führe dir vor Augen, dass es vier Grundzustände gibt: „Anspannung körperlich", „Anspannung geistig", „Entspannung körperlich" und „Entspannung geistig". Wann immer du das Gefühl hast, dass einer dieser Fälle dominiert, versuche die Situation umzukehren! Überlege dir, was das genaue Gegenteil des aktuellen Zustands sein könnte (in Bezug auf Anspannung und Entspannung) und integriere es in deinen Tag.

Ein Beispiel für die einfache Anwendung des Umkehrtricks: Du bist im Homeoffice und arbeitest den ganzen Tag am Bildschirm. Dein Kopf qualmt, aber dein Körper ist träge und fühlt sich an, als würde er bald einrosten. Wie kannst du die Situation umkehren? Körperlich benötigst du jetzt eine gewisse Aktivität (Anspannung) und geistig hingegen solltest du einfach mal abschalten (Entspannung). Du könntest also gleich eine Pause einlegen oder spätestens am

Abend rausgehen und eine große Runde spazieren. Das wird dir helfen, in Balance zu bleiben und somit Langeweile vorzubeugen.

Ein weiteres Beispiel für den Umkehrtrick: Du kümmerst dich seit drei Stunden um den Haushalt und telefonierst dabei ununterbrochen mit einer Freundin. Diese schüttet dir ihr Herz aus, während dein Geist seine volle Aufnahmekapazität braucht und du natürlich emotional für deine Freundin da sein möchtest. Zeitgleich bügelst du die Wäsche, wischst den Staub von den Regalen, füllst den Seifenspender im Bad auf und rennst die ganze Zeit im Haus umher. Mache dir bewusst, dass du seit Stunden sowohl körperliche als auch geistige Anspannung erfährst. Jetzt ist es an der Zeit für den Umkehrtrick: Überlege dir, wie das Gegenteil dieses Zustands aussehen könnte, und setze die Überlegung noch am selben Tag um! Da das in diesem Fall sowohl körperliche als auch geistige Entspannung bedeutet, würde sich ein Wellness-Aufenthalt in einem Spa sehr gut eignen. Dein Körper kann sich im Whirlpool oder bei einer Massage entspannen und dein Geist muss sich um nichts Gedanken machen und kann ebenfalls zur Ruhe kommen.

Lasse den Umkehrtrick einen festen Bestandteil deines Alltags werden! Dadurch vermeidest du Langeweile, wirst dich nachhaltig besser fühlen und – im wahrsten Sinne – ausgeglichener sein.

Dir fehlen die Ideen für sinnvolle, schöne, anspannende oder entspannende Tätigkeiten? Keine Sorge, im Kapitel INSPIRATION (S. 39) wirst du konkrete Vorschläge finden.

Abwechslung

Auch Abwechslung schafft Balance. Monotonie hingegen ist ein Nährboden für Langeweile. Du kannst dich in deinem Job langweilen, wenn du eine eintönige Tätigkeit ausübst und sich diese Tag für Tag wiederholt. Doch die gute Nachricht: Selbst in einem solchen Fall liegt es größtenteils in deiner Hand, ob und wie viel Langeweile du dabei empfindest.

Hierzu zwei Beispiele:

Jana ist Postbotin. Ihr Beruf ist körperlich anstrengend, da sie mit dem Rad von Haustür zu Haustür und von Straße zu Straße muss. Bei Wind und Wetter. Unabhängig von Verkehr, Straßenverhältnissen oder sonstigen Belastungen. In ihrem Beruf erfährt sie viel körperliche Anspannung. Doch die eigentliche Tätigkeit, das Zustellen der Briefe, ist sehr eintönig und ihr Geist oft unterfordert. Manch einer würde diesen Beruf daher als „langweilig" bezeichnen. Jana allerdings mag ihren Job mittlerweile sehr gern und hat sogar Spaß im Alltag. In den ersten Jahren als Briefträgerin empfand sie die Tätigkeit selbst als langweilig. Doch irgendwann begann sie, kreativ zu werden. Sie besorgte sich In-Ear-Kopfhörer und nutzte ihre Arbeitszeit zusätzlich für Hörbücher oder Podcasts, während sie die Briefe zustellte. Weiterbildung während der Arbeit sozusagen. Sie entwickelte auch kleine Spiele und Aufgaben, mit denen sie sich selbst herausforderte. Zum Beispiel: Wie viele Briefe kann ich innerhalb von einer Stunde zustellen? Um dann am nächsten Tag ihren eigenen Rekord zu schlagen – und somit auch früher in den Feierabend gehen zu können. Mit der Zeit nahm sie auch ihre Umgebung bewusster wahr. Ihre tägliche Route war zwar immer die gleiche, aber das Szenario änderte sich jeden Tag. Sie begegnete dabei den unterschiedlichsten Menschen – manche mit Hund, manche ohne. Manche waren alt, manche Kinder. Manche, die traurig wirkten und andere, die lächelten oder sogar strahlten.

Eines Tages überlegte sich Jana ein kleines Experiment. Jana entschied sich dazu, jeden Menschen, den sie von nun an auf ihrer täglichen Route trifft, herzlich mit einem Lächeln zu grüßen. Jeden Einzelnen. Sie zog es konsequent durch und die Ergebnisse waren hochinteressant. Eine Postbotin wurde zur Sozialforscherin. In deutschen Städten ist es eher ungewöhnlich, Fremde spontan zu grüßen. Die Mentalität ist in dieser Hinsicht meist verhalten. Jana traf also auf viel Verwunderung, Irritation und auch Ablehnung. Aber dennoch hatte sie das Gefühl, in jedem Menschen dabei etwas Positives ausgelöst zu haben. Nach einiger Zeit gewöhnte man sich an die stets freundlich grüßende Postbotin und nach ein paar Monaten fingen die Leute auch an, von sich aus zu grüßen. Und daraus ergaben sich dann sogar kurze Gespräche. Janas Alltag war nun deutlich spannender, sie lernte die Nachbarschaft kennen und entfloh der Langeweile ganz automatisch – ohne dafür ihren Job zu kündigen.

Das Wichtigste dabei ist, dass sie gelernt hat, selber für Abwechslung zu sorgen (soweit es geht). Es gibt immer mehr Möglichkeiten, als wir anfangs vielleicht denken. Was würde dir einfallen, um einen monotonen Job abwechslungsreicher zu gestalten? Entwickle Ideen und schreibe sie auf!

_____

_____

In unserem zweiten Beispiel geht es um Anton. Er ist der Bademeister in dem Schwimmbad, welches ich mehrmals pro Woche aufsuche, um dort meine Bahnen zu ziehen. Bei Antons Beruf läuft es in der Regel genau umgekehrt: Der Geist ist permanent wach und in Alarmbereitschaft, da ein Bademeister die Verantwortung für die Sicherheit jedes einzelnen Schwimmers trägt. Doch der Körper langweilt sich, weil er einen Großteil der Zeit am Beckenrand sitzen muss – es fehlt ihm an Anspannung.

Als Anton spürte, dass er dringend den körperlichen Ausgleich braucht, ging er nach der Arbeit ins Fitnessstudio. Dort war es oft überfüllt und zudem auch nicht ganz billig. Außerdem brachte es ihm nicht die gewünschte Befriedigung, da sich sein Körper während der mindestens acht Stunden auf der Arbeit trotzdem langweilte. Also fing Anton an, sich auch tagsüber mehr zu bewegen. Zuerst drehte er regelmäßige Runden um das große Schwimmerbecken. Er zählte dabei seine Schritte und machte zwischendurch immer wieder Dehn- und Lockerungsübungen. Das war ein guter Anfang und brachte etwas mehr Abwechslung in seinen Alltag. Doch Anton dachte sich, dass auch mehr möglich sei. Er überlegte sich ein Konzept, mit welchem er während der Arbeit einen echten körperlichen Ausgleich schaffen kann. Und darüber hinaus sogar seinen Kompetenzbereich erweitert und den Besuchern des Schwimmbads einen zusätzlichen Mehrwert bietet. Dieses Konzept schlug er der Schwimmbadleitung vor – mit Erfolg. Seitdem ist Anton nicht nur Bademeister, sondern auch Animateur für Wassergymnastik. Das Schwimmbad hat einen Teil des großen Schwimmerbeckens abgetrennt, in dem sich interessierte Badegäste nun drei Mal täglich während Antons Schicht zusammenfinden und unter Anleitung in Bewegung kommen.

Anton hat das Konzept mittlerweile verfeinert, indem er verschiedene Programme anbietet, mit Musik arbeitet und sogar zwei Arbeitskolleginnen angefixt hat, die nun ebenfalls regelmäßig die Animation übernehmen und ihre eigenen Variationen einbauen. Die Mitarbeiter des Schwimmbads wechseln sich ab, können auf die Schwimmer aufpassen und gleichzeitig für die Fitness der Gäste sowie ihre eigene Bewegung sorgen. Der Ausgleich ist perfekt – und Antons Beruf längst nicht mehr so „langweilig" wie zuvor.

Jana und Anton haben es geschafft, ihrem eher eintönigen Alltag mehr Abwechslung einzuhauchen. Dadurch langweilen sie sich seltener, sind zufriedener mit ihrem Job und im Feierabend ausgeglichener. Nicht in jedem Beruf sind (größere) Veränderungen möglich. Aber oft hilft es schon, wenn du den Blickwinkel etwas verschiebst und dadurch eine neue Sicht auf die Dinge bekommst. Wenn du deiner

Fantasie freien Lauf lässt und es dir selbst zur Herausforderung machst, eintönige Aufgaben so kreativ und vielfältig wie möglich zu erledigen, kannst du selbst für Abwechslung sorgen. Am Ende liegt es immer an dir, wie du Zeit wahrnimmst.

Fazit

- Der Mensch ist dann am glücklichsten, wenn er in Balance ist.

- Finde ein gesundes Gleichgewicht zwischen Anspannung und Entspannung.

- Schaffe den idealen Ausgleich mithilfe des Umkehrtricks.

- Abwechslung sorgt für Balance und eliminiert Langeweile.

STATUS QUO

Was ist dein Ziel? Ausgeglichen zu sein? Keine Langeweile mehr zu verspüren? Mehr mit deiner Zeit und deinem Leben anzufangen? Stolz auf dich zu sein? Zufrieden und glücklich zu sein?

Das alles klingt sehr gut und erstrebenswert – und es ist leichter zu erreichen, als du denkst.

Dazu musst du jedoch zuerst wissen, wo du jetzt stehst. Um die Langeweile endgültig aus deinem Alltag zu verbannen und dir mehr Lebensqualität zu geben, braucht es zunächst ein gewisses Maß an Reflexion. Weshalb langweilst du dich eigentlich? Was sind die konkreten Situationen, in denen du dich langweilst? Gibt es bestimmte Menschen oder Dinge in deinem Leben, die das Gefühl der Langeweile zusätzlich verstärken? Bist du vielleicht selbst in einem gewissen Trott gefangen, der so normal geworden ist, dass dir vieles darin gar nicht mehr auffällt?

Es ist wichtig, dass wir diese Punkte untersuchen und nun eine genaue Selbstbeobachtung deinerseits stattfindet. Dazu schreibe bitte zwei unterschiedliche Tagesabläufe auf.

Der eine soll deinen typischen Alltag beschreiben (in der Regel ein normaler Arbeitstag, oft unter der Woche). Der andere soll einen typischen freien Tag in deinem Leben beschreiben. Ein Tag, an dem du nicht arbeitest und auch sonst keine regelmäßigen festen Termine hast.

1. Beschreibe deinen üblichen Tagesablauf (ALLTAG):

_____

_____

_____

_____

_____

_____

2. Beschreibe deinen üblichen Tagesablauf (FREIER TAG):

_____

_____

_____

_____

_____

_____

_____

_____

_____

Nachdem du deinen üblichen Tagesablauf beschrieben hast: Was langweilt dich daran? Wo genau liegen die Tätigkeiten oder Momente, in denen du die meiste Langeweile empfindest? Falls es eher die Routine ist (sich wiederholende Aufgaben oder Tätigkeiten), versuche, deinen Tag abwechslungsreicher zu gestalten! Langweilst du dich hingegen eher in deiner freien Zeit, versuche, sie sinnvoll zu füllen! Sinnvoll bedeutet nicht zwangsläufig, dass du jede einzelne Minute am Tag produktiv sein musst. Es bedeutet eher, dass du deine Freizeit damit verbringst, glücklich und zufrieden zu sein. Dies klingt zunächst sehr allgemein. Aber keine Sorge: Wir werden uns noch genau ansehen, was das konkret für dich heißt.

Indem du deinen Status quo erfasst hast, ist der erste Schritt bereits getan. Du weißt, wo du stehst und dass sich der Ist-Zustand verändern muss. Du hast ein klares Bild darüber, wie du deine Zeit bisher verbracht hast, und kannst dein eigenes Verhalten nun reflektieren. Vielleicht sind dir bereits beim Schreiben einige Punkte aufgefallen, an denen du dir für die Zukunft eine Veränderung vorstellen kannst.

Aus dem Kapitel BALANCE weißt du, dass du Anspannung und Entspannung ins Gleichgewicht bringen solltest. Ein ausgeglichener Alltag ist die Basis für ein ausgeglichenes Leben ohne Langeweile. Versuche, deinen Status quo aus diesem Blickwinkel zu beleuchten und festzustellen, wo es dir an Balance fehlen könnte.

Fazit

- Wie sieht ein üblicher Tag in deinem Leben aus?

- Versuche, die Momente (und auch Elemente) auszumachen, die dich regelmäßig langweilen.

- Überprüfe, ob du Anspannung und Entspannung sowohl körperlich als auch geistig wirklich in deinen Alltag integriert hast!

ALLTAG

Nicht selten empfinden wir auch bestimmte Situationen als langweilig, die im Alltag auftreten, aber eben nicht alltäglich sind. Unvorhergesehenes, Ungeplantes, Spontanes. Situationen, in die wir mehr oder weniger zwangsläufig geraten, welche wir *nicht* als spannend, angenehm, spaßig oder aufregend empfinden. Sondern solche, in denen wir oft einfach nur Langeweile verspüren und uns wünschen, dass sie möglichst schnell vorbei sind.

Du kennst es garantiert auch. Im Wartezimmer beim Arzt, bei einer öden Präsentation im Büro oder manchmal auch beim Besuch der Schwiegermutter – Langeweile kann in bestimmten Situationen von Minute zu Minute schlimmer werden und irgendwann sogar richtig nerven.

Diesen teilweise schwierigen Situationen im Alltag können wir nicht immer ausweichen. Aber wir können ihnen auf zwei verschiedene Arten begegnen. Entweder, wir ärgern uns darüber, wie langweilig oder nervig die Situation ist und wie gerne wir diese beenden würden. Wir reden uns selbst ein, dass wir die Situation nicht kontrollieren können, und steigern uns immer weiter hinein in das negative

Gefühl. Wir sind dann zwar voll fokussiert, aber eben voll fokussiert darauf, eine Situation als negativ, langweilig oder nervig zu bewerten, die wir nicht ändern können. Dadurch quälen wir uns selbst – denn im schlimmsten Fall langweilen wir uns dann nicht nur, sondern regen uns innerlich auf und müssen in dieser Position verharren, bis sich die Situation von außen verändert. Klingt nicht besonders smart, oder?

Die andere Art, mit solchen (auf den ersten Blick) langweiligen Situationen umzugehen, ist die Methode „Möglichkeiten und Perspektivwechsel". Dabei überlegst du dir selber alle Möglichkeiten, die du hast, um die Situation zu ändern – beziehungsweise für dich zu verbessern. Durch den Berufsverkehr quälst du dich nur noch? Probiere doch einfach mal eine alternative Strecke aus! Du stehst bereits mitten im Stau und hast auch erst mal keine Möglichkeit, abzufahren? Dann nutze die Zeit und mache mal wieder ein paar längst überfällige Telefonate, hör dir einen guten Podcast oder ein Hörbuch an oder erfinde zusammen mit den anderen ein neues Spiel, wenn ihr mehrere Leute im Auto seid.

Wenn du dich hingegen in einer Situation befindest, in der du quasi nichts ändern kannst, hilft dir ein Perspektivwechsel. Angenommen, du bist mit deinem Date im Kino und der Film langweilt dich zu Tode. Oder du wirst von deinem Chef dazu gezwungen, an einem sehr zähen und langwierigen Meeting teilzunehmen. Oder du bist zu Hause krank ans Bett gefesselt. Versuche, deinen Blick in solchen Situationen auf die positiven Aspekte zu lenken. Warum solltest du dich selber quälen? Du hast es in der Hand. Der Perspektivwechsel verändert auch dein Zeitempfinden. Wenn du dir überlegst, welche guten Seiten die aktuelle Situation hat, vergeht die Zeit automatisch schneller. Und wenn dir beim besten Willen kein einzig positiver Aspekt einfallen will, reflektiere die Gesamtsituation. Was könnte jetzt schlimmer sein? Worüber bist du froh und wofür dankbar? Du liegst vielleicht krank im Bett, aber du könntest auch chronisch krank sein und es könnte dir wirklich sehr schlecht gehen – ohne Aussicht auf Besserung. Du könntest auch in einem anderen Land sein, wo es keine so hohen Standards und keine so hohe Lebensqualität gibt. Vielleicht nutzt du die (scheinbar) langweilige Situation, um dich in Dankbarkeit zu üben. Es könnte dir deutlich schlechter gehen. Und wenn Langeweile in dem Moment dein größtes Problem ist, dann geht es dir – im Vergleich zu den meisten Menschen auf dieser Welt – ziemlich gut.

Außerdem könntest du auch damit anfangen, Dinge um dich herum zu beobachten und ganz bewusst wahrzunehmen. Wenn du dich drauf einlässt, kann auch das manchmal sehr interessant sein. In jedem Fall besser, als von einer langweiligen Situation genervt zu sein. Oder nicht? Versuche, dich selbst und die gesamte Situation zu beobachten. Bist du umgeben von anderen Menschen? Dann sieh sie dir genau an. Studiere ihre Mimik, Gestik, Körperhaltung und sogar Kleidung. Versuche dir vorzustellen, was diese Menschen gerade denken. Wie sie sich fühlen. Ob sie letzte Nacht gut geschlafen haben. Was sie wohl gefrühstückt haben. Natürlich kann dir das (vor allem bei Fremden) egal sein und es spielt auch keine Rolle für dein Leben. Aber in diesem Moment beschäftigt es deinen Geist und lenkt ihn von Langeweile und den negativen Gedanken und Gefühlen ab, die daraus entstehen.

Zum Verinnerlichen:

Ob eine Situation gut oder schlecht ist, hängt sehr oft von dir selber ab.

Fazit

- Lasse nicht zu, dass durch Langeweile negative Gefühle wie Frust entstehen, und steigere dich nicht in sie hinein.

- Du bist nicht immer Opfer der äußeren Umstände! Versuche, die Situation zu ändern, bzw. für dich zu verbessern.

- Der Perspektivwechsel hilft dir, scheinbar „langweilige" Situationen aus einem völlig neuen Blickwinkel zu betrachten und dadurch deine Stimmung und dein Zeitgefühl zu verbessern.

INSPIRATION

Angenommen, du hast gerade Zeit. Freizeit. Sei es nur für eine halbe Stunde, oder aber für die nächsten zwei Wochen, z. B. aufgrund von Urlaub. Du bist gelangweilt von den Dingen, die du normalerweise in der Freizeit tust, und hast auch noch keinen Plan, wie du deine Zeit am besten ausfüllen sollst. Dann wirst du dich vielleicht über ein bisschen Inspiration freuen. Wichtig ist, dass du alles bewusst tust. Frei von Ablenkung und mit hundertprozentigem Fokus auf die Sache.

Ideen gegen die Langeweile

<u>Familie</u>

Wann hast du das letzte Mal deine nächsten Verwandten besucht? Oder mit ihnen telefoniert? Was ist mit Tanten, Onkeln, Nichten, Neffen, Cousinen und Cousins? Jeder Mensch freut sich über Kontakt zu seinen Liebsten. Und wenn der Kontakt nicht so gut ist, versuche doch einfach mal, ihn zu verbessern. Oft hilft es, wenn du echtes

Interesse an dem anderen zeigst. Und wer weiß, vielleicht lernst du Mitglieder deiner Familie von einer ganz neuen Seite kennen, wenn der Kontakt einfach mal wieder ein bisschen öfter und intensiver stattfindet. Denn auch die Anderen entwickeln sich weiter – auch, wenn du es nicht unbedingt auf den ersten Blick siehst.

Bei Freunden melden

Wir alle kennen Menschen, bei denen wir uns schon viel zu lange nicht mehr gemeldet haben. Meistens tut es gut, wenn wir (auch nach langer Zeit) einfach mal wieder von uns hören lassen. Der andere rechnet nicht damit und ist somit in den meisten Fällen positiv überrascht. Das schafft eine gewisse Dynamik – und der Mensch ist geboren für soziale Kontakte. Wieso auch sollte man damit warten, bis man alt und grau ist? Das Leben spielt jetzt!

Meditieren

Das mag für dich unter Umständen neu sein und sich wie esoterischer Quatsch anhören. Aber probiere es aus! Du hast ja nichts zu verlieren. Meditation ist gut geeignet, wenn du zuvor sowohl körperliche als auch geistige Anspannung erfahren hast. Ein spürbarer positiver Effekt wird sich zwar erst durch regelmäßiges Meditieren einstellen, aber es kann bereits ab dem ersten Mal eine tolle Erfahrung sein. Meditieren ist auch gar nicht so schwer: Sorge für Ruhe um dich herum, begib dich in eine gemütliche Sitzposition, schließe deine Augen und konzentriere dich nur auf deine Atmung. Versuche nicht, sie zu kontrollieren, sondern beobachte sie einfach. Anfangs werden dir Tausende Gedanken durch den Kopf schießen und du wirst unruhig sein. Das kann sich aber schnell ändern, wenn du dich immer wieder gezielt auf deine Atmung konzentrierst.

Ins Kino gehen

Das ist etwas völlig anderes als das Heimkino! Die Plakate und Trailer der neuen Filme zu entdecken und den Duft von frischem Popcorn in der Luft zu genießen. Einen Film auf einer wirklich großen Leinwand zu sehen, mit opulentem Sound und mit voller Aufmerksamkeit (frei von der Ablenkung durch dein Smartphone) – das ist eine komplett andere Erfahrung als zu Hause.

Ins Theater gehen

Wie Kino – nur live! Das Theater ist toll, denn es bietet die Möglichkeit, Schauspieler hautnah und in echt zu erleben. Keine Schnitte und zwanzig Takes. Hier muss alles beim ersten Mal sitzen und zur Not wird improvisiert. Wenn du zuvor noch nie in deinem Leben im Theater warst, hole es unbedingt nach.

Schreiben

Es ist völlig egal, was du schreibst, aber schreibe! Schreibe einfach drauf los und irgendwann kommen die Sätze ganz automatisch. Denn beim Schreiben ist es wie bei vielen anderen Dingen auch: Du musst erst in den Fluss kommen, bevor es leicht wird und sich richtig gut anfühlt. Dazu musst du einfach nur anfangen. Das Schöne dabei ist, dass dir beim Schreiben keine Grenzen gesetzt sind. Du kannst ein Tagebuch schreiben, oder eine Rezension zu einem Film, den du gesehen hast. Genauso gut funktionieren aber auch Kurzgeschichten, Kochrezepte, Gedichte oder Träume.

Finanzen

Hast du deine Finanzen im Griff? Hast du einen Budgetplan, in welchem du deine monatlichen Einnahmen und Ausgaben gegenüberstellst? Wie sieht es mit Investitionen aus? Bist du ausreichend informiert? Wie ist deine Geldbildung im Allgemeinen? Sparst du – und wenn ja, wie? Welche Vorkehrungen hast du für deine Altersvorsorge getroffen? Hast du wirklich genau überprüft, ob diese ausreichen? Kontrollierst du dich regelmäßig selbst in Bezug auf deinen Umgang mit Geld? Die meisten Menschen haben hier gehörigen Nachholbedarf. Also nutze die Zeit und kümmere dich verantwortungsvoll um deine Finanzen!

Persönlichkeitsentwicklung

Was für ein Mensch möchtest du sein? Welche persönlichen Ziele hast du dir gesetzt? Was möchtest du an deine Kinder oder an die Menschen in deiner Umgebung weitergeben? Was zeichnet deine Persönlichkeit aus? Wie soll man dich in Erinnerung behalten? Du kannst dir sehr viele Fragen zu diesem Thema stellen – und vielleicht hast du ja Lust, dich mit der einen oder anderen Frage etwas intensiver zu beschäftigen und nach Antworten zu suchen. Die Möglichkeiten dazu sind heutzutage so groß wie nie zuvor.

Sport

Viele Menschen sind nicht immer motiviert, Sport zu treiben. Doch wenn sie sich dann doch überwinden, fühlt es sich schnell sehr gut an. Außerdem ist man nachher unheimlich stolz auf sich (je nachdem, wie lange und wie viel man gemacht hat) und auch die Entspannung nach dem Sport kann man viel besser genießen. Als Motivation und zum Überprüfen der Ergebnisse kann ich dir hier nur eine Smartwatch oder einen Fitnesstracker empfehlen. Aber auch die meisten Smartphones verfügen über Apps und Funktionen, welche viele Bewegungen erkennen, aufzeichnen und auswerten können. Ein Schrittzähler gehört in jedem Fall dazu und somit ist regelmäßiges Laufen bereits ein sehr guter Anfang. Das ist zudem äußerst wichtig für unsere Gesundheit, weshalb sich regelmäßige Bewegung in mehrfacher Hinsicht auszahlt. Sportliche Aktivitäten haben nämlich einen positiven Einfluss auf wichtige Körpersysteme wie Atmung, Immunsystem, Herz, Kreislauf, Nieren, Knochen, Muskeln, Stoffwechsel, Verdauungssystem und auch das Gehirn. Du siehst also: Es lohnt sich, in Bewegung zu kommen.

Wissen aneignen

Der Mensch lernt nie aus – und wer würde sich nicht gerne als gebildet bezeichnen? Wissen zu erlangen ist heutzutage so leicht wie nie zuvor. Egal ob Volkshochschule, Tutorials im Internet oder Sachbücher – nie war es einfacher, mehr über Astronomie zu erfahren, sich intensiver mit dem Klimawandel zu beschäftigen oder Ernährungsexperte zu werden.

Fähigkeiten aneignen

Fast noch besser als theoretisches Wissen: praktische Skills. Egal ob Kochen, Programmieren, Tanzen oder zu lernen, wie du ein Aquarium einrichtest – neue Dinge zu können bringt dich weiter, beeindruckt deine Mitmenschen und macht dich selbstsicherer. Gut genutzte Zeit, oder?

Geschenke

Bestimmt hat bald wieder jemand Geburtstag. Oder bald ist Weihnachten. Oder Ostern. Oder Muttertag. Oder dein Jahres- oder Hochzeitstag. Oder jemand aus deinem Freundeskreis wird bald Mutter oder Vater. Oder oder oder. Es gibt ständig Anlässe für Geschenke. Und statt bei spontanen Konsumschlachten mitzumachen oder auf den letzten Drücker einfach einen Gutschein zu besorgen, könntest du dir ja überlegen, was als Nächstes ansteht und ob du dafür ein Geschenk machen möchtest. Du kannst die Zeit herrlich dazu nutzen, dir über den Menschen und den Anlass Gedanken zu machen, etwas zu recherchieren und dir so ein Geschenk überlegen, das der anderen Person echte Freude bringt. Und das wiederum setzt auch Glücksgefühle in dir frei.

Fotografieren

Nicht jeder hat eine Kamera, aber die meisten haben ein Smartphone. Finde ein Objekt, das dir gut gefällt, und versuche, es in Szene zu setzen. Experimentiere mit verschiedenen Winkeln und Perspektiven, mit Licht und Hintergründen. Vielleicht wird daraus dein nächstes Lieblingsbild!

Du kannst es anschließend drucken lassen und deinen Wohnraum mit etwas selbst Geschaffenem verschönern. Oder du teilst es auf Social-Media-Kanälen – als Inspiration für andere.

Podcasts

Fast jeder Mensch hat mindestens ein Thema, das ihn sehr interessiert. Finde einen Podcast, der sich mit deinem Lieblingsthema beschäftigt. Du wirst sehen, die Zeit vergeht wie im Flug, während du ihn hörst. Podcasts eignen sich übrigens auch gut während der Hausarbeit oder einer Autofahrt.

Shopping

Konsum macht zwar grundsätzlich nicht glücklich, aber es ist manchmal dennoch eine angenehme Beschäftigung. Wenn du schon lange nicht mehr einkaufen warst, kann es schön sein, mal wieder durch die Geschäfte zu gehen, zu stöbern und dir etwas Schönes zu gönnen. Gleichzeitig kannst du einen Shopping-Trip auch hervorragend nutzen, um auszumisten und alte Sachen wegzuwerfen, zu verkaufen oder zu verschenken.

Fremdsprachen

Eine neue Sprache zu lernen hilft dir nicht nur für den nächsten Urlaub, sondern öffnet dir ganz neue Türen. Die Anerkennung von Familie und Freunden ist dir sicher und auch gesellschaftlich verleiht es dir einen kosmopolitischen Touch, je mehr Sprachen du beherrschst. Und manchmal kann eine neue Sprache sogar der Schlüssel zu einem neuen Job sein.

Kreuzworträtsel, Sudoku & Co.

Das ist nur etwas für Rentner? Keineswegs! Denn Rätsel regen unseren Geist an und stärken somit eines unserer wichtigsten Organe: das Gehirn. Außerdem schüttet der Körper das Glückshormon Dopamin aus, wenn wir Rätsel lösen. Wir halten dadurch also unseren Kopf fit und belohnen uns selbst mit direkten Erfolgserlebnissen – eine wahre Win-win-Situation.

Natur

Wenn du in der Großstadt lebst, bzw. bewusst dort hin gezogen bist, wirst du dich vielleicht nicht so sehr als naturverbunden bezeichnen. Doch gerade dann solltest du dich darauf einlassen, mehr Natur in dein Leben zu lassen. Waldspaziergänge sind gut für dein Herz-Kreislauf-System, reinigen deine Lunge und beruhigen deine Seele. Sie sind ein perfekter Ausgleich für die Zeit, die wir an Bildschirmen verbringen.

Tiere

Tiere sind auch ein Teil der Natur und teilen sich den Planeten mit uns. Der Hund ist der beste Freund des Menschen und der treueste Gefährte, den man sich wünschen kann. Katzen, Delfine und sogar Alpakas werden zu therapeutischen Zwecken eingesetzt. Und selbst ein Hamster, Kaninchen oder Meerschweinchen kann uns mit Freude erfüllen. Du musst auch nicht zwingend selbst ein Tier besitzen, um dich mit Tieren zu beschäftigen. Ich empfehle dir auch nicht, dir nur aus Langeweile ein Tier zuzulegen, denn Haustierhaltung bedeutet jahrelange Verantwortung und je nach Tierart sehr hohe Kosten. Es gibt aber in fast jeder

Stadt ein Tierheim, das sich sehr über Hilfe freut. Du kannst z. B. Spaziergänge oder Fütterungen der Hunde übernehmen. Die Dankbarkeit dieser Tiere ist einmalig und das zeigen sie dir auch. Wenn du mit Hunden nicht so viel anfangen kannst, schau doch mal, ob es in deiner Umgebung ein Katzencafé gibt. Dort kannst du nicht nur Kaffee und Kuchen genießen, sondern auch die Nähe und das Schnurren der Samtpfoten. Sie sind Menschen gewohnt und daher sehr zutraulich und lassen sich oft streicheln, solange sie nicht schlafen. Der Trend mit den Katzencafés kommt übrigens aus Japan – mittlerweile werden es aber auch in Deutschland immer mehr.

Sightseeing

Deinen Horizont erweitern und etwas Neues, Interessantes entdecken? Dafür musst du nicht unbedingt einen spontanen Flug nach Barcelona, Prag oder Lissabon buchen. Es kann sehr interessant sein, die vielfältigen Städte und Ortschaften in Deutschland zu erkunden. Selbst, wenn du nicht so viel Zeit hast: Besuche doch einfach mal die Nachbarstadt oder ein nahe gelegenes Dorf, wo du vorher noch nie warst. Oft entdeckt man sehr schöne Orte, malerische Altstädte oder ein ganz besonderes Café – quasi direkt nebenan. Zudem tut ein Tapetenwechsel immer gut und neutralisiert Langeweile nachhaltig.

Wellness

Wohlfühlen für Körper, Geist und Seele: Nimm dir doch mal Zeit für ein bisschen Wellness und schau, wie du dich danach fühlst. Egal ob ausgiebige Sauna-Sessions mit verschiedenen Aufgüssen, eine wohltuende Massage oder einfach pures Relaxen im Whirlpool – Wellness ist eine hervorragende Möglichkeit, Zeit zu genießen und gleichzeitig die Reserven aufzufüllen.

Nachdenken

Nachdenken? Ja! Sei mal ganz ehrlich zu dir selbst: Wann hast du das letzte Mal nichts getan, außer nachzudenken? Ohne jegliche Ablenkung. Im Alltag haben wir meist keine Zeit – oder besser gesagt, wir *denken* einfach nicht daran, uns bewusst Zeit dafür zu nehmen. Deutschland galt früher als das Land der Dichter und Denker – und auch die alten Griechen haben einen Großteil des Tages genutzt, um zu philosophieren. Heutzutage widmen wir unseren Gedanken viel zu wenig Zeit und verlieren immer mehr die Fähigkeit zu reflektieren, zu fantasieren und uns selbst die richtigen Fragen für unser Leben zu stellen. Suche dir also einen schönen Ort, an dem du dich wohlfühlst und möglichst ungestört bist. Eine Parkbank, dein Sofa oder die Badewanne eignen sich oft gut dafür. Mach dich frei von allen Ablenkungen (Handy ausschalten!) und konzentriere dich einfach mal nur auf deine Gedanken. Dabei kannst du Fantastisches herausfinden!

Lesen

Egal ob Romane, Sachbücher oder Fachmagazine – Lesen bildet, regt deine Fantasie an und verbessert auch nachweislich deine Rechtschreibung und kommunikativen Fähigkeiten. Zudem erweitert es sowohl deinen Wortschatz als auch deinen Horizont. Beim Lesen vergeht die Zeit oft wie im Flug und es gibt für jeden das passende Buch. Egal, ob du dich einfach mit einer spannenden Geschichte unterhalten willst oder in wenigen Stunden die Grundlagen über Aktien und Börsenhandel erfahren möchtest. Das ganze Wissen dieser Erde ist niedergeschrieben – und wir haben das große

Glück, darauf zugreifen zu können. Wäre doch schade, wenn das (d)ein Leben lang ungenutzt bliebe.

Zuhause

Widme dich doch mal deinem Zuhause! Es gibt immer Bereiche, die sich optimieren lassen. Du könntest Teile deines Hauses oder deiner Wohnung durch neue Dekoration verschönern, eine Wand in einer anderen Farbe streichen oder einfach mal dein komplettes Wohnzimmer umstellen. Je mehr du dich mit deinem Heim beschäftigst, desto genauer wirst du herausfinden, wie du die perfekte Wohlfühlatmosphäre schaffst.

To-do-Listen

Sie ordnen deinen Kopf und somit deinen Geist, sorgen für Struktur und Überblick und lassen dich nichts vergessen. Außerdem verschafft es Befriedigung, Dinge auf der Liste abzuhaken. Das können Punkte wie Haushalt oder Papierkram sein, oder aber auch einige der zahlreichen Beispiele aus diesem Kapitel.

Ein neues Hobby entdecken

Es gibt so viele Aktivitäten, die Spaß machen und aus denen du auswählen kannst. Wie wär's mit Modellbau? Oder Backen? Stricken? Mountainbiking? Paintball? Klettern? Yoga? Puzzeln? Bowling? Singen? Ein Instrument lernen? Aquaristik? Schnitzen? Basketball? Oder oder oder … Eine komplette Liste mit Möglichkeiten würde ein ganzes Buch füllen.

Neue Leute kennenlernen

Manche Aktivitäten machen erst so richtig Spaß, wenn man sie mit anderen zusammen ausübt. Wenn dir die passenden Leute dafür fehlen, mach doch einfach daraus mal eine Aufgabe: Lerne neue Menschen kennen und finde Gemeinsamkeiten mit ihnen! Das kann in einem Verein sein, in einer Bar, in einem bestimmten (Fach-)Geschäft oder auch online. Apps dafür gibt es mittlerweile genug. Durch die App *Spontacts* beispielsweise haben sich einige meiner Freunde über spontane Spieleabende kennengelernt – und daraus sind echte Freundschaften entstanden.

Deine Möglichkeiten sind unermesslich! Magst du Autos? Was hindert dich dann daran, eine ausgiebige Runde durch ein Autohaus zu drehen? Du kannst dich für Sport begeistern? Fußball, Boxen oder Eishockey? Dann geh zu den Jugendmannschaften oder schau dir Testspiele an – es müssen nicht immer die großen Stadien sein. Oder werde selber aktiv. Mache ein Probetraining in einem Sportverein. Dabei kannst du eine ganze Menge über dich selbst und deinen Körper herausfinden und merkst außerdem schnell, ob dir diese Sportart gefällt und du vielleicht sogar ein gewisses Grundtalent dafür hast. Du bist gerne mit deinen Freunden zusammen, aber euch fällt keine gemeinsame Aktivität ein? Spielt doch einfach mal was! „Wahrheit oder Pflicht" ist ein Klassiker, den du praktisch immer und überall spielen kannst und der schon die legendärsten Abende hervorgebracht hat.

Die Liste ginge noch ewig weiter. Wichtig ist, dass du dir selber darüber bewusst wirst, was dir wirklich Spaß macht und dir gut tut. Oft sind wir uns dessen leider nämlich nicht so ganz bewusst und müssen es erst mal herausfinden. Dazu ist es auch wichtig, dass wir neue Dinge ausprobieren und immer offen für alles sind. Und je mehr du dein Unterbewusstsein genau daran gewöhnst, umso klarer wird dein Bewusstsein über das, was dich glücklich macht und gut für dich ist. Sehr schnell brauchst du dann kaum noch Inspiration von außen, weil du genau weißt, was du als Nächstes machst, worauf du dich freust und wie du deine Zeit bestmöglich gestaltest.

„Und wenn mir überhaupt nichts Spaß macht?"

Sollte das wirklich der Fall sein und du absolut nichts auf dieser Welt finden kannst, das dir Freude bereitet und womit du gerne Zeit verbringst, könnte eventuell eine depressive Verstimmung vorliegen. Chronische Antriebslosigkeit und jeglicher Mangel an Freude können Anzeichen dafür sein. In einem solchen Fall wäre ein Besuch bei einem Therapeuten oder deinem Hausarzt eventuell sinnvoll.

Fazit

- Alles, was du tust, solltest du bewusst tun.

- Suche dir Inspiration bei Freunden, Bekannten, im Internet und aus Büchern.

- Überlege dir Dinge, die du schon immer mal machen wolltest, und schreibe sie für später auf!

- Denke dir bei allen Dingen, auf die du Lust hast: „Was hindert mich daran, das jetzt einfach zu tun? Gibt es wirklich ein unüberwindbares Hindernis, oder erfinde ich gerade nur Ausreden?"

ECHTE FREUDE

Wenn du etwas tust, das dir wirklich Freude bereitet, vergeht die Zeit wie im Flug. Langeweile hat dann kaum eine Chance. Doch was macht dir eigentlich so richtig Spaß? Wofür kannst du dich regelrecht begeistern?

Erinnern

Was hast du als Kind gerne getan? Wo lagen deine Neigungen, deine Interessen und Vorlieben? Wo lagen deine Stärken und Talente? Was hat dir am meisten Freude bereitet? Versuche, dich daran zu erinnern – aber nicht bewerten! Du musst dich vor niemandem rechtfertigen für das, was dir Spaß macht. Sei ehrlich zu dir selbst und nimm dir ausreichend Zeit für die Erinnerung. Vermutlich werden dir Dinge einfallen, die du seit deiner Kindheit nicht mehr getan oder stark vernachlässigt hast, obwohl sie dir im tiefsten Inneren viel Freude bereiten. Bestimmt kannst du manches davon in dein heutiges Leben integrieren – und vielleicht wieder so viel Spaß haben wie als Kind.

Routine

Was hilft dir dabei, im Alltag deutlich mehr Freude zu empfinden?

Angenommen, du würdest es lieben, Tischtennis zu spielen. Und auf einmal hättest du die Möglichkeit, das jeden Tag zu tun. Du müsstest nicht mehr arbeiten und hättest auch sonst keine Verpflichtungen. Du könntest den ganzen Tag lang Tischtennis spielen – jeden einzelnen Tag. Und das würdest du am Anfang auch tun. Doch was glaubst du, wie schnell dir das, was dir eigentlich total viel Spaß macht, *langweilig* werden würde?

Als Kind und auch noch als Jugendlicher habe ich es geliebt, in Freizeitparks zu gehen. Ich war quasi süchtig nach Achterbahnen und fasziniert von Freizeitparks und allem, was damit zu tun hat. Meine Eltern waren mit mir mehrmals in sämtlichen Freizeit- und Vergnügungsparks, weil ich gar nicht genug davon bekommen konnte. Damals wollte ich Achterbahn-Tester werden. Die Geschwindigkeit, die Fliehkräfte in den Kurven, Schrauben und Loopings, das ständige Auf und Ab – all das war das pure Adrenalin für mich. Nach vielen Jahren und Hunderten Fahrten auf allen möglichen Attraktionen fand ich irgendwann meine Lieblings-Achterbahn. Ich hatte so viel Spaß auf dieser Bahn, dass ich mich teilweise fünf oder sechs Mal hintereinander angestellt habe. Und das, obwohl die Schlange so lang war, dass ich immer mindestens 45 Minuten warten musste – mindestens! Aber ich habe es so sehr genossen, dass es mir die Zeit wert war. Am liebsten wäre ich durchgehend mit dieser Achterbahn gefahren. Und um sie so oft wie möglich nutzen zu können, habe ich mir irgendwann eine Dauerkarte für den Park gekauft. Somit konnte ich jeden Tag dorthin und so oft fahren, wie ich wollte. Und es war herrlich – am Anfang.

Bald kannte ich den Park wie meine Westentasche (also wirklich jede einzelne kleine Ecke des Parks) und ich grüßte sämtliche Mitarbeiter mit Namen. Was passierte kurze Zeit später? Mir wurde *langweilig*.

Ich verlor den Spaß am Achterbahnfahren. Ich verlor den Spaß an Vergnügungsparks im Allgemeinen – weil ich nichts anderes mehr machte. Hätte ich es gesund aufgeteilt und die Balance bei meinen Aktivitäten gewahrt, dann wäre das nicht passiert. Es wäre immer wieder etwas Besonderes gewesen, im Freizeitpark zu sein. Alle paar Monate nur, oder vielleicht sogar nur ein Mal im Jahr eine Achterbahnfahrt zu machen, anstatt fast täglich. Dies ist nur ein Beispiel von vielen, wie die Routine uns selbst die Freude an den für uns schönsten Dingen nehmen kann.

Damit das, was dir Freude bereitet, nicht in Langeweile umschlägt, solltest du es nicht nur sehr bewusst tun, sondern auch in einer gesunden Dosis. Abwechslung ist generell wichtig – aber du kannst deine Lieblingsbeschäftigung auch einfach variieren, abwandeln, erweitern, in neue Richtungen entwickeln, mit jemandem teilen oder in ganz neuen Settings ausprobieren. Stillstand – also in diesem Fall permanente, stumpfe Wiederholung – ist Rückschritt. Du hast es also zu einem großen Teil selbst in der Hand, ob und wann dich etwas langweilt.

Kreieren statt Konsumieren

Überlege genau, in welchen Momenten deines Lebens du von Freude erfüllt warst. Wann hast du wirklich Stolz, Glück und Zufriedenheit empfunden? Wann hat sich deine Zeit nicht verschwendet, sondern sinnvoll genutzt angefühlt? Denke intensiv darüber nach und schreibe es auf!

Meistens sind die erfülltesten Momente des Lebens die des (Er-)Schaffens. Darauf sind wir von Natur aus programmiert – nicht auf das stumpfe Konsumieren von Fernsehen oder Social-Media-Feeds. Das hat die Natur definitiv nicht für uns vorgesehen. Erinnere dich einfach daran, als du zuletzt etwas erschaffen hast. Vielleicht hast du einen Song aufgenommen. Oder ein richtig tolles Bild geschossen. Oder einen Blogartikel geschrieben. Oder ein Vogelhäuschen für den Garten gebaut. Oder einen Urlaubsfilm gedreht. Oder eine Mütze gestrickt. Oder eine eigene App programmiert. Oder oder oder. Es fühlt sich dabei immer ähnlich an. Etwas zu erschaffen ist erfüllend. Wir spüren keine Leere mehr in uns, sondern strotzen nur so vor Zufriedenheit und Stolz. In diesen Momenten sind wir mit uns selbst im Reinen. Und danach fühlt es sich umso besser an, abzuschalten und das gute Gefühl nachwirken zu lassen. Sei es, das fertige Werk zu bewundern, direkt zu benutzen, anderen damit eine Freude zu machen oder einfach die Anerkennung dafür zu genießen.

Oft sind die Momente der Kreation auch die, die am nachhaltigsten wirken. Als Kinder bauen wir Sandburgen, erschaffen ganze Welten mit Lego oder Duplo und lassen uns die verrücktesten Geschichten einfallen. Wir lassen unserer Fantasie freien Lauf – und erinnern uns an unsere schöpferischen Momente besonders gerne zurück.

Fazit

- Erinnere dich daran, was du als Kind gerne getan hast.

- Durchbrich die Routine.

- Kreation macht viel glücklicher als Konsum. Du musst dich nur aufraffen – es lohnt sich!

NUTZE DEINE ZEIT

Ganz vorne in diesem Buch findest du ein wichtiges Zitat, welches ich an dieser Stelle noch einmal aufgreifen möchte: „Wir haben zwei Leben. Das zweite beginnt, wenn wir erkennen, dass wir nur eines haben."

Rufe dir diesen Satz immer wieder ins Gedächtnis! Was willst du mit deinem Leben anfangen? Wie willst du deine Zeit nutzen? Worauf willst du zurückblicken, wenn du alt bist? Die Welt ist so vielfältig und bietet schier unendliche Möglichkeiten. Jeder Mensch hat, wie bereits erwähnt, exakt 24 Stunden am Tag – nicht mehr, nicht weniger. Du hast es in der Hand, wie du deine 24 Stunden ausfüllst. Wie du deine Zeit *nutzt*.

Es gibt noch ein weiteres Zitat, welches ich dir an dieser Stelle gerne mitgeben möchte: „Wie du am Ende deines Lebens wünschest gelebt zu haben, so kannst du jetzt schon leben." (Mark Aurel)

Das klingt erst mal völlig logisch und einleuchtend. Doch warum fällt es uns auf der einen Seite so schwer, unsere Ziele zu erreichen oder einfach nur glücklich zu sein – und auf der anderen Seite so leicht, Langeweile zu empfinden? In diesem Kapitel möchte ich mit dir die Frage klären, was du brauchst, um deine Zeit gut nutzen zu können und auch, was dich möglicherweise daran hindert.

Social Media

Ich gehöre zu der Generation, die die Anfänge und den Aufbau der modernen Social-Media-Apps hautnah mitbekommen hat, und war sofort begeistert von der Thematik. So sehr, dass ich es zu meinem Beruf gemacht habe und mich mittlerweile als Experte auf diesem Gebiet bezeichnen kann. Durch die jahrzehntelange Auseinandersetzung mit dem Thema kann ich ein ganz klares Fazit zu Social Media ziehen: Nichts ist gefährlicher für unser Bewusstsein.

Ich sage nicht, dass Social Media grundsätzlich etwas Schlechtes oder Böses sei – schließlich ist es mein Beruf. Und gerade deshalb verstehe ich, wie die Algorithmen funktionieren, das Nutzerverhalten sich entwickelt hat und Social Media unser tägliches Leben beeinflusst. Vor allem unser Bewusstsein – und auch unser Unterbewusstsein.

Wir können uns sehr schnell in Social Media verlieren. Durch die unendliche Sammlung an Content auf kleinstem Raum (unserem Smartphone) sind wir einer wahren Reizüberflutung ausgesetzt. Wir können eine Minute lang durch den Feed eines Social-Media-Kanals scrollen und unser Gehirn innerhalb dieser einen Minute Hunderte von Eindrücken verarbeiten lassen. Die verschiedensten Videos, Texte, Bilder, Spiele, Rätsel, Anregungen, GIFs, Memes und dazwischen natürlich jede Menge Werbung.

Nun stelle dir selbst bitte die folgenden drei Fragen, denke gut darüber nach und sei dabei absolut ehrlich:

1. Konsumierst du Inhalte auf Social Media bewusst?

2. Wie viele Minuten am Tag verbringst du insgesamt auf Social Media?
   Wenn du es selber schlecht einschätzen kannst, gibt es hierfür Tools und Apps. Beispielsweise auf dem iPhone die Funktion „Bildschirmzeit". Dort kannst du auch Tageslimits festlegen (sehr zu empfehlen). Ein ähnliches Feature gibt es auch auf vielen Android-Smartphones unter dem Namen „Digital Wellbeing".

3. Was glaubst du, wie viel Content du insgesamt am Tag über Social Media siehst und wie viele Eindrücke dein Gehirn somit verarbeiten muss?

In diesem Buch geht es vor allem darum, keine Langeweile mehr zu empfinden. Was hat das also mit Social Media zu tun? Durch die Nutzung von Social Media vergeht die Zeit doch wie im Flug? Und gerade das hilft doch gegen Langeweile, oder nicht? Sorgt nicht auch die Vielfalt an Content für Abwechslung? Die Antwort lautet: nein! Exzessive Social-Media-Nutzung sorgt sogar für *mehr* Langeweile. Das hat verschiedene Gründe:

1. Du gerätst dabei aus der Balance: Anspannung und Entspannung sind nicht mehr gegeben, wenn du zu viel Zeit am Tag mit Social Media verbringst.

2. Mit der Masse an Content setzt du dich einer wahren Reizüberflutung aus. Du gewöhnst dich sehr schnell daran, dass alle möglichen Inhalte in kürzester Zeit abrufbar sind, und kannst viele Dinge dadurch nicht mehr richtig genießen. Denn selbst das tausendste schöne Bild von einer Tasse Kaffee oder Tee gibt dir nicht die Erfahrung, diese Tasse selbst in den Händen zu halten, den

Duft wahrzunehmen und den Geschmack auf der Zunge zu spüren. Durch die Schnelllebigkeit bist du nicht mehr gewohnt, dir wirklich Zeit für Dinge zu nehmen und diese *bewusst* zu erfahren – mit allen Sinnen. Deshalb entsteht die Gefahr, dass alles auf dich schnell langweilig wirkt.

3. Je intensiver die Nutzung, desto abhängiger machst du dich. Kein Mensch möchte sein Glück oder die Nutzung seiner Zeit davon abhängig machen, wie viel Akku sein Handy noch hat oder wie gut der Internetempfang ist. Doch viele tun es leider. Sei klüger und mach dich nicht zum Sklaven deines Smartphones! Denn sonst wird die Langeweile nur umso schlimmer für dich, in der Zeit, die du nicht auf Social Media verbringst.

4. Durch zu viel Social Media sinkt deine Aufmerksamkeitsspanne. Dadurch kannst du dich auf andere Dinge nicht mehr richtig konzentrieren und fokussieren. Und diese empfindest du dann automatisch als langweilig.

2015 veröffentlichte Microsoft eine interessante Studie zum Thema „attention span", also der Zeitdauer, in der sich ein Mensch durchgehend konzentrieren kann. Diese Studie bestand aus quantitativen Online-Befragungen und neurologischen Untersuchungen und kommt zu dem Schluss, dass unsere Aufmerksamkeitsspanne im Jahr 2013 nur acht Sekunden betrug. 33 Prozent weniger als im Jahr 2000. Zum Vergleich: Ein Goldfisch hat eine Aufmerksamkeitsspanne von neun Sekunden.

Was die Social-Media-Nutzung angeht, ist unsere durchschnittliche Aufmerksamkeitsspanne sogar noch deutlich geringer. Im Jahr 2017 lag sie im Desktop-News-Feed bei 2,5 Sekunden – im mobilen Social-Media-Feed sogar nur bei 1,7 Sekunden. Hinzu kommt, dass wir im Durchschnitt täglich mit 10.000 bis 13.000 Werbebotschaften konfrontiert werden und jeder Mensch (ebenfalls durchschnittlich) über 250-mal am Tag auf sein Smartphone schaut.

Jetzt kannst du dir noch mal vor Augen führen, wie viel Content dein Gehirn verarbeiten muss und wie sich deine Social-Media-Nutzung sowohl auf deine Aufmerksamkeitsspanne als auch auf dein Zeitempfinden auswirkt.

Die Social-Media-Kanäle werden übrigens dahin gehend optimiert, immer kürzere Aufmerksamkeitsspannen zu bedienen. Und darauf wird unser Gehirn dann automatisch während der Nutzung trainiert. Doch keine Sorge: Das ist kein Teufelskreis, sondern ein paralleler Verlauf. Du kannst es also selbst beeinflussen. Dazu musst du dir dieser Tatsachen nur bewusst sein und anfangen, Social Media auch *bewusst* zu nutzen. Das bedeutet anfangs wahrscheinlich eine drastische Reduzierung der Nutzung. Noch wichtiger ist jedoch, dass du dir stetig darüber bewusst bist, was du gerade konsumierst, weshalb du es konsumierst, in welchem Tempo du es konsumierst und in welchem Zeitraum du es konsumierst.

Fokus

Wo unsere Aufmerksamkeit hinfließt, dorthin fließt auch unsere Energie. Wenn du deine Zeit nutzen willst, statt sie einfach zu verschwenden, solltest du lernen, dich auf etwas zu fokussieren. Doch wie funktioniert das eigentlich genau? Wie geht *Fokus*?

Nimm dazu das Beispiel aus der Fotografie. Dieses ist im wahrsten Sinne bildhaft. Angenommen, du möchtest etwas fotografieren, z. B. einen Blumenstrauß, der auf dem Tisch steht. Dazu schaust du durch den Sucher der Kamera oder auf das Display und fokussierst den Blumenstrauß, da der Blick des Betrachters sich auch genau darauf richten soll. Beim Fokussieren wird der Blumenstrauß „scharfgestellt".

Er sticht eindeutig hervor und die restliche Umgebung wird unscharf und verschwommen. Egal, wie viele Objekte noch im Bild zu sehen sind und eigentlich genauso gut wahrgenommen werden könnten – der Fokus liegt auf dem Blumenstrauß. Durch die Fokussierung auf *eine Sache* bildet der verschwommene Hintergrund einen klaren Kontrast und du erkennst sofort und unmissverständlich, worum es geht und was wichtig ist.

Sich auf etwas zu fokussieren bedeutet also, nur diese eine Sache im Blick zu haben und alles andere für die Zeit konsequent auszublenden. Nicht nur einigermaßen oder temporär, sondern wirklich konsequent. Die Blende der Kamera tut das ebenfalls. Durch diese Eselsbrücke kannst du es dir leichter merken und immer wieder in Erinnerung rufen. Richte deine ganze Aufmerksamkeit auf die eine Sache, die du tust oder tun willst. Sei zu 100 Prozent bei der Sache. Tue alles, was du tust, bewusst. Du wirst Dinge deutlich mehr genießen können, zu schätzen wissen und auch erfolgreicher sein.

Es gibt ein paar Tipps, die dir dabei helfen, den Fokus zu bewahren:

➡ Vermeide Multi-Tasking.

➡ Lass dich nicht ablenken (Handy auf Flugmodus setzen).

➡ Plane vorher ein genaues Zeitfenster.

➡ Mache regelmäßig kurze Pausen.

➡ Ausreichend trinken und schlafen.

➡ Ein aufgeräumtes Umfeld (frei von Chaos) bewirkt Wunder.

Zum Verinnerlichen:

Richte deinen Fokus auf das, was dir gut tut und dich weiterbringt.

Fokus bedeutet also, sein Ziel nicht aus den Augen zu verlieren. Ganz egal, was drum herum passiert, welche inneren und äußeren Ablenkungen kommen und was du sonst noch alles vorhast. Wenn du deine Zeit nicht nur füllen, sondern wirklich *nutzen* willst, brauchst du Fokus.

Ziele

Bist du der Mensch, der du sein möchtest? Ist dein Wissensstand so, wie du ihn dir wünschen würdest? Bist du mit deinen Finanzen zufrieden? Macht dich deine Beziehung glücklich? Gibt es etwas, das du gerne erlernen würdest? Hast du das Beste aus deinen beruflichen Möglichkeiten rausgeholt? Wenn alles einfach wäre, was würdest du dann kurz- und mittelfristig in deinem Leben ändern? Wo wärst du gerne in fünf Jahren (in jeglicher Hinsicht)? Wo wärst du gerne in zehn Jahren? Wo wärst du gerne in 15, 20, 25 Jahren?

Du merkst schnell, dass es viele Fragen gibt, denen wir bisher vielleicht aus Bequemlichkeit oder Angst aus dem Weg gegangen sind. Doch diese Fragen sind wichtig und werden uns irgendwann einholen. Allerspätestens auf dem Sterbebett – aber mit 99-prozentiger Wahrscheinlichkeit schon deutlich eher. Die meisten Menschen können leider nicht von sich behaupten, wirklich glücklich zu sein. Viele sind mit mehreren Aspekten ihres Lebens sogar richtig unglücklich. Sie sind unglücklich mit ihrem Job, in ihrem Liebesleben, mit ihrer finanziellen Situation und so weiter. Aber vor allem sind viele Menschen unglücklich mit sich selbst. Trotzdem klagen diese Menschen über Langeweile. Konsum macht sie nicht glücklich, das haben einige auch schon bemerkt. Schlimmer noch: Reines Konsumieren ist auf Dauer ebenfalls langweilig.

Um wirkliches Glück zu finden (und dann auch zu empfinden!), braucht der Mensch Ziele. Schau dir die oben genannten Fragen noch ein mal genau an und überlege dir, wie du darauf antworten würdest und welche Ziele du daraus für dich und dein Leben formulierst.

Schreibe diese Ziele danach auf!

———————————————————————

———————————————————————

———————————————————————

Dadurch, dass du deine Ziele aufgeschrieben hast, hast du bereits den ersten Schritt getan. Viele unterschätzen die Wirkung einer schriftlichen Fixierung. Doch du wirst sehen, dass ein Ziel viel mehr an Bedeutung gewinnt, wenn es niedergeschrieben wird und du dich außerdem gedanklich intensiver mit dem Ziel beschäftigst, schon während du schreibst. Hinzu kommt, dass du das Ziel eher nicht mehr vergessen wirst, sobald du es schriftlich festgehalten hast. Und damit ist nicht nur gemeint, dass wir uns Dinge besser merken können, wenn wir sie aufschreiben, sondern auch, dass das Papier selbst nicht vergisst. Dein Ziel ist schwarz auf weiß verfasst und jederzeit abzulesen. Du kannst immer wieder nachschauen und dich sofort in die Situation hinein fühlen, in der du warst, als du das Ziel aufgeschrieben hast. Denn du hattest in diesem Moment eine Intention; du warst motiviert; du wolltest es wirklich und du wusstest auch, was du wolltest. Weil du zuvor darüber nachgedacht hast – und natürlich auch einen kleinen Denkanstoß durch dieses Buch erfahren hast. Wir sind nicht zu jeder Zeit auf dem gleichen Level motiviert oder haben so viel positive Energie, dass wir uns sicher sind, alles schaffen zu können. Aber manchmal können wir uns durch die richtigen Hilfsmittel wieder in diesen Zustand hineinversetzen.

Wenn du an deinen Zielen arbeitest, wirst du dich dabei gut fühlen, weil du deine Zeit wirklich nutzt. Während du an ihnen arbeitest, wirst du auch keine Langeweile empfinden. Sobald du ein Ziel erreicht hast, werden positive Effekte eintreten und Folgendes könnte passieren: Du könntest stolz auf dich selbst sein, Durchhaltevermögen gelernt haben, durch das Erfolgserlebnis Glück und Zufriedenheit spüren, persönlich gewachsen sein, Anerkennung von außen erhalten und Zuversicht für die nächsten Ziele gewinnen. Und das alles, weil du du eine Entscheidung getroffen hast: Die Entscheidung, deine Zeit nicht mehr zu vergeuden, sondern sie zu nutzen!

Dieses Buch kann dir dazu einen Schubs in die richtige Richtung geben und dir Hilfe leisten – aber die Entscheidung triffst allein du. Und glaub mir, diese Entscheidung wird sich in jeder Hinsicht für dich lohnen.

Fazit

- Jeder Mensch hat 24 Stunden am Tag. Was machst du daraus?

- Lerne, verantwortungsvoll mit Social Media umzugehen und kontrolliere dein eigenes Nutzungsverhalten.

- Bewahre den Fokus.

- Überlege dir Ziele für dein Leben, schreibe diese auf und fang an, sie umzusetzen.

DEIN BESSERES ICH

Wäre es nicht schön, wenn du das Gefühl von Langeweile *dauerhaft* loswerden würdest, ohne, dass es anstrengend oder unbequem ist? Wenn du es stattdessen nachhaltig durch positive Gefühle ersetzen könntest und du tiefe Dankbarkeit und Zufriedenheit spüren würdest, für jede Minute, die du auf Erden verbringen darfst? Dann solltest du dieses Kapitel aufmerksam lesen.

Die meisten von uns möchten in einer besseren Welt leben. Der Schlüssel dazu liegt natürlich in uns selbst. Je mehr Menschen sich selber zu einem besseren Ich verhelfen, desto besser wird unsere Welt im Ganzen. Und verstehe mich bitte nicht falsch: Hierbei geht es nicht um irgendeinen total utopischen Selbstoptimierungswahn nach dem Motto „höher, weiter, schneller". Es geht darum, sich selbst besser kennenzulernen und am Ende auch besser steuern zu können. Aber auch, über sich selbst hinauszuwachsen. Über seine Denkweise, seine Weltanschauung und seine Einstellung sich selbst und seinen Mitmenschen gegenüber.

Bisher hast du in diesem Buch Anregungen dazu bekommen, deine Einstellung gegenüber *Zeit* zu überdenken und neu zu ordnen. Das Thema Zeit (und somit auch Langeweile) aus einem vollkommen neuen Blickwinkel zu betrachten und vielleicht nun auch schon anders wahrzunehmen. Aber damit das auch nachhaltig wirken kann, solltest du dich öffnen – für dein besseres Ich.

Sich selbst zu entwickeln ist essenziell. Wer das nicht tut, dem wird schnell langweilig. Selbst mit ausreichend finanziellen Mitteln kannst du Langeweile und einer gefühlten Leere in deinem Leben nur bis zu einem gewissen Grad entgegenwirken. Das ist einer der Gründe, warum sich Bill Gates & Co. gemeinnützigen Projekten widmen, als Problemlöser für die Gesellschaft fungieren und sich immer wieder neu erfinden. Das funktioniert – zumindest in großem Stil – auf den ersten Blick mit Geld. Aber vor allem funktioniert es mit Zeit. Geld ist dabei nur ein Werkzeug. Zeit hingegen haben wir alle. Wie im Vorwort bereits erwähnt, steht uns allen die gleiche Lebenszeit zur Verfügung. 24 Stunden pro Tag. Du musst nicht viel Geld haben, um dein besseres Ich zu entwickeln. Alles, was du dafür einsetzen musst, ist Zeit.

Zum Verinnerlichen:

Dein besseres Ich hat keine Zeit für Langeweile.

Stillstand bedeutet Rückschritt. Du wirst auf Dauer nicht glücklich, wenn du dich nicht weiterentwickelst. Echte Freude (wie im gleichnamigen Kapitel bereits beschrieben) entsteht oft dann, wenn wir etwas erschaffen. Das gilt auch für Gefühle: Du kannst Glück, Zufriedenheit, Stolz, Dankbarkeit und viele weitere Gefühle in anderen Menschen erzeugen. Das wiederum erschafft Gefühle in dir selbst. Du kennst sicher den Satz „Glück ist das einzige, das sich verdoppelt, wenn man es teilt". Ein abgedroschener Kalenderspruch? Vielleicht. Aber im Kern goldrichtig.

Um dein besseres Ich zu entwickeln, solltest du dir diese drei konkreten Fragen stellen:

Was tust du für die Gesellschaft und für die Umwelt?

Welche Probleme möchtest du lösen?

Wie kannst du andere unterstützen?

Denke intensiv über diese Fragen nach. Eventuell überschneiden sie sich sogar mit deinen persönlichen Zielen, welche du im letzten Kapitel festgelegt hast. Auch, wenn du die Antworten darauf nicht unbedingt sofort findest, werden sie dir vielleicht begegnen, wenn du ein paar Tage darüber sinniert hast. Wenn du sie aber für dich gefunden hast, ist es wichtig, dass du danach schnell in die Umsetzung kommst. Sehr große Projekte, aber auch klitzekleine Ideen haben eines gemeinsam: Sie beginnen mit dem ersten Schritt. Das Beginnen ist dabei der springende Punkt – keine Prokrastination mehr! Du wirst sehen, es wird sich unglaublich toll anfühlen, seine Zeit damit zu verbringen, Gutes für deine Mitmenschen und deine Umwelt zu bewirken.

Fazit

- Wachse über dich hinaus, um wahres Glück, Dankbarkeit und Zufriedenheit zu erlangen.

- Investiere deine Zeit, um die Welt zu einem besseren Ort zu machen.

- Überlege dir, was du für die Welt und die Menschen um dich herum tun kannst und fange noch heute damit an!

SCHLUSSWORT

Du hast in diesem Buch erfahren, wie wichtig Balance bei deinen täglichen Aktivitäten ist. Du hast deinen Status quo erfasst und weißt vielleicht schon, an welchen Stellen dir immer wieder Langeweile begegnet. Du hast gelernt, dir im Alltag neue Möglichkeiten zu schaffen, Situationen aktiv zu ändern oder den Perspektivwechsel einzusetzen. Du wurdest inspiriert und hast eine Reihe konkreter, sofort umsetzbarer Ideen bekommen. Du wurdest daran erinnert, wie sich echte Freude für dich persönlich anfühlt, wie du diese abrufen kannst und wie wichtig das ist. Dir wurde bewusst, dass du nur dieses eine Leben auf Erden hast, deine Zeit vergänglich ist und du sie daher bestmöglich nutzen solltest.

Wenn dich trotz allem mal ein Moment der Langeweile überkommt und nichts dagegen hilft, hilft dir vielleicht die Radikalfrage. Sie lautet: Was würdest du tun, wenn du nur noch 24 Stunden zu leben hättest? Wie würde dein letzter Tag auf Erden aussehen? Frei nach dem berühmten Zitat: „Lebe jeden Tag so, als wäre es dein letzter." Wenn du dir diese Vorstellung in deinem Kopf schaffst, wird dir bestimmt etwas einfallen, wie du deine Zeit nutzen möchtest. Denn Zeit gewinnt immer dann an Wert, wenn wir nur wenig davon zur Verfügung haben. Hör also damit auf, Zeit „totschlagen" zu wollen – und fang an, zu leben. Ich wünsche dir eine tolle, aufregende, gesunde, spannende, glückliche und erfüllte Zeit hier auf Erden.